이젠 4차 산업 혁명!

로봇과 인공지능

사진출처

셔터스톡_ 20, 24p / 서비스 로봇 페퍼(WorldStock)

연합뉴스_ 35, 42, 102p / 휴보   44p / 해양 구조 드론

위키피디아_ 53p / 노버트 위너(Konrad Jacobs)   79p / 아시모(Vanillase)   92, 97p / 딥드림의 그림(Calhoun Press222)

페이스북_ 45p / 통신망 연결용 드론

플리커_ 54p / 거북 로봇(Steve Elliott)   59p / 로드니 브룩스와 협업 로봇(Steve Jurvetson)   73p / 골렘 인형(Enrico)

통합교과 시리즈
참 잘했어요 과학 8

이젠 4차 산업 혁명! 로봇과 인공지능

ⓒ 이한음, 2018

1판 1쇄 발행 2018년 2월 20일 | **1판 5쇄 발행** 2023년 5월 15일

글 이한음 | **그림** 이창섭 | **감수** 서울과학교사모임
펴낸이 권준구 | **펴낸곳** (주)지학사
본부장 황홍규 | **편집장** 김지영 | **편집** 박보영 이지연 | **디자인** 이혜리
마케팅 송성만 손정빈 윤술옥 박주현 | **제작** 김현정 이진형 강석준 오지형
등록 2010년 1월 29일(제313-2010-24호) | **주소** 서울시 마포구 신촌로6길 5
전화 02.330.5263 | **팩스** 02.3141.4488 | **이메일** arbolbooks@jihak.co.kr
ISBN 979-11-6204-019-5 74400
ISBN 979-11-85786-82-7 74400(세트)
잘못된 책은 구입하신 곳에서 바꿔 드립니다.

 제조국 대한민국   사용연령 8세 이상
KC마크는 이 제품이 공통안전기준에 적합하였음을 의미합니다.

지학사아르볼 아르볼은 '나무'를 뜻하는 스페인어. 어린이들의 마음에 담긴 씨앗을 알찬 열매로 맺게 하는 나무가 되겠습니다.
홈페이지 www.jihak.co.kr/arb/book | **포스트** post.naver.com/arbolbooks

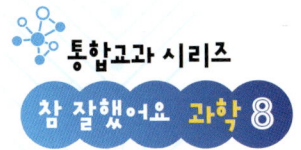

로봇과 인공지능

이젠 4차 산업 혁명!

글 이한음 | 그림 이창섭 | 감수 서울과학교사모임

지학사아르볼

펴냄 글

 과학은 왜 어려울까?

- 생물, 지구과학, 물리, 화학 등 공부해야 할 범위가 넓다.
- 책이나 교과서를 볼 땐 이해할 것 같다가도 돌아서면 헷갈린다.
- 과학 현상이나 원리가 어려워서 이해가 안 된다.
- 과학 공부를 할 때 어려운 단어가 많이 나온다.

 과학 공부, 쉽게 하려면 통합교과 시리즈를 펼치자!

통합교과란?

- 서로 다른 교과를 주제나 활동 중심으로 엮은 새로운 개념의 교과
- 하나의 주제를 **개념·과학·인물·문화·미래학** 등 다양한 영역에서 접근해 정보 전달 효과를 높임
- 문이과 통합 교육 과정에 안성맞춤

이런 학생들에게 통합교과 시리즈를 추천합니다!

과학 교과를 처음 배우는 초등학교 **3학년**

과학이 지겹고 어렵게 느껴지는 **4학년**

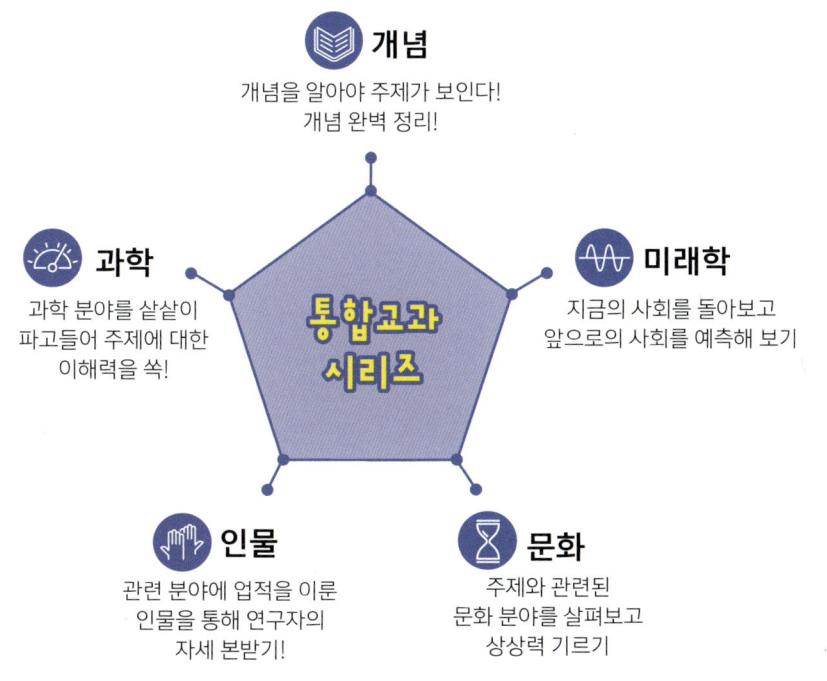

차례

1화
아리는 반려동물? 〈개념〉 로봇과 인공지능이란? 10

- 16 로봇이란?
- 18 로봇의 종류와 쓰임새
- 21 인공지능이란?
- 22 로봇과 인공지능의 만남
- 26 한 걸음 더 – 알아 두면 쓸모 있는 로봇 관련 용어

2화
로봇이 인간을 흉내 낸다고? 〈과학〉 빠르게 발전하는 로봇과 인공지능 28

- 34 로봇의 구조와 부품
- 36 컴퓨터의 발달과 인공지능
- 38 우리 주변에서 사용 중인 인공지능
- 40 인간 vs 로봇과 인공지능
- 44 한 걸음 더 – 인공지능을 만난 드론

3화
튜링 박사님의 검사 〈인물〉 로봇과 인공지능을 개발한 사람들 46

- 52 로봇 연구를 시작한 사람들
- 55 인공지능의 기초를 마련한 수학자
- 58 로봇을 발전시킨 과학자
- 60 인공지능을 발전시킨 기업
- 64 한 걸음 더 – 로봇과 인공지능 관련 직업

4화
상상이 현실로 되는 세상　문화　상상 속의 로봇과 인공지능　66

- 72　신화와 전설 속 자동 기계
- 74　로봇의 시작은 인형
- 76　작품 속 로봇과 인공지능
- 79　현실이 된 상상
- 82　한 걸음 더 – 4차 산업 혁명

5화
이미 시작된 미래　미래학　로봇이 움직이는 세상　84

- 90　생활 속에 들어올 로봇과 인공지능
- 92　예술가가 된 인공지능
- 94　우리의 일자리가 줄어들까?
- 98　한 걸음 더 – 미래는 어떤 모습일까?

- 100　워크북
- 110　정답 및 해설
- 112　찾아보기

등장인물

미래
전자 기계에 호기심이 많은 초등학교 5학년생.
장난기가 많아 늘 시끄러워요.
로봇만 보면 분해하고 싶어서 손이 근질근질하지요.
장래 희망은 인공지능 로봇을 만들어
세계를 정복하는 거예요.

자연
동물을 좋아하는 초등학교 3학년생.
미래의 동생으로, 둘은 항상 티격태격 싸워요.
인공지능 로봇 아리에게 이름도 붙여 주고,
따뜻하게 대해 준답니다.

아리
아빠가 개발한 인공지능 로봇.
머리는 오리, 몸은 강아지를 닮았어요.
호기심 많은 미래와 자주 다투지만,
로봇과 인공지능에 대해 많은 것을 알려 줘요.

아빠

인공지능 로봇을 연구하는 과학자.
미래와 자연이의 아빠로, 아리를 개발했어요.
개발 중인 인공지능 로봇 아리가 사람들 사이에서
잘 적응하는지 살펴보기 위해 집으로 데려와요.

앨런 튜링

튜링 검사를 만든 영국의 수학자.
미래와 자연이에게 튜링 검사가 무엇인지 알려 줘요.
그런데 이미 저세상으로 떠난 튜링이
어떻게 아이들 앞에 나타났을까요?
귀신이 되어 나타난 걸까요?

- 로봇이란?
- 로봇의 종류와 쓰임새
- 인공지능이란?
- 로봇과 인공지능의 만남

한눈에 쏙 - 로봇과 인공지능이란?
한 걸음 더 - 알아 두면 쓸모 있는 로봇 관련 용어

로봇이란?

여러분은 '로봇' 하면 무엇이 떠오르나요? 애니메이션 〈또봇〉에 나오는 변신 로봇? 아니면 영화 〈터미네이터〉에 나오는 사람같이 생긴 로봇?

이런 로봇들은 생김새는 다르지만 공통점이 있어요. 바로 사람처럼 생각하고, 스스로 판단하여 행동한다는 점이에요.

그렇다면 실제로 우리 주변에서 사용하는 로봇은 어떨까요? 집 안 곳곳을 돌아다니며 청소하는 로봇 청소기나 공장에서 부품을 조립하는 로봇 팔 등을 떠올려 봐요. 영화 속 로봇과 아주 다르지요?

우리 주변에서 쓰이는 로봇들은 사람처럼 생각하거나, 어떠한 기분을 느끼지 못해요. 사람이 만든 프로그램에 따라 행동할 뿐이지요.

로봇 청소기가 스스로 주변 환경을 인식하고 어떤 행동을 할지 판단했지? 요즘은 이 정도 능력이 있어야 로봇이라고 해.

청소기가 상자에 부딪힐 것 같아.

괜찮아. 요즘 청소기는 웬만한 장애물은 알아서 피해.

장애물 발견!

삐!

스르륵

달라진 로봇의 정의

로봇이 무엇인지는 어떤 관점에서 보느냐에 따라 달라져요. 넓은 의미에서 보면, 로봇은 미리 짜 놓은 프로그램대로 여러 가지 일을 하는 자동 장치예요. 그렇다면 태엽을 이용해 움직이는 장난감도 로봇일까요?

넓은 의미에서는 로봇이에요. 꼭 전기를 이용해야만 로봇인 건 아니거든요. 사람이 만든 대로 움직이는 자동 기계 장치라면 다 로봇이라 할 수 있지요. 하지만 이러한 장난감은 스스로 주변을 인식하고 판단하여 움직이지 않아요. 따라서 요즘 말하는 로봇과 거리가 멀지요.

요즘에는 자동 장치 중에서도 주변 환경이나 바깥 신호를 인식하고 판단한 뒤, 스스로 행동하는 기계를 로봇이라고 해요.

T!P

로봇이라는 단어는 누가 만들었을까?

체코의 극작가인 카렐 차페크(1890~1938년)가 1920년 《로섬의 만능 로봇》이라는 희곡에서 처음으로 로봇이라는 단어를 사용했어요. 이 작품에는 로봇이 여러 일을 맡으면서 사람들이 일자리를 잃는다는 내용이 담겨 있지요. 기술의 발달이 사람에게 나쁜 결과를 가져올 수 있다고 경고하는 작품이에요.

로봇의 종류와 쓰임새

 상상 속에 머무르던 로봇을 실제로 맨 처음 만든 사람은 미국의 공학자 조지프 엥겔버거예요. 그는 1956년에 로봇을 직접 만들겠다고 결심하고, 최초로 로봇 회사를 차렸어요.

로봇 팔의 탄생

 엥겔버거가 맨 처음 만든 로봇은 로봇 팔이에요. 당시 로봇 팔은 물건을 집어서 옮기는 단순한 일을 했어요.

 예를 들어 주물★ 공장에서 찍어 낸 뜨거운 자동차 부품을 옮겼어요. 사람을 대신하여 힘들고 위험한 일을 하는 용도로 사용한 거예요.

 지금도 산업용 로봇은 그런 용도로 쓰이고 있어요. 위험하거나, 힘들거나, 지겹거나, 성가신 일들을 대신하는 것이지요.

★ 주물 쇠를 녹인 쇳물을 틀 속에 부어 굳혀서 만든 물건

시간이 흐를수록 로봇은 발전을 거듭하여 다양한 산업 분야에서 사용되고 있어요.

공장 밖으로 나온 로봇

과학 기술의 발달로 로봇은 공장 밖으로도 나왔어요. 이제는 점점 다양한 곳에서 이용되고 있어요. 가정, 상점, 공공시설, 더 나아가 바다와 우주에서도 활약하고 있지요.

게다가 최근 들어 로봇은 인공지능과 결합되면서 빠르게 발전하고 있어요. 로봇은 앞으로 계속 발전하면서 우리 삶을 크게 바꿀 거예요.

T!P

무어의 법칙

컴퓨터의 핵심 부품인 칩의 성능이 약 2년마다 2배로 좋아진다는 법칙이에요. 빠르게 발전하는 컴퓨터를 이야기할 때 자주 나오는 말이지요. 인텔의 창업자 중 한 명인 '고든 무어'가 내놓아서 무어의 법칙이라 부른답니다.

요즘엔 어떤 로봇을 사용할까?

서비스 로봇
상품이나 상점 안내 등 고객을 상대하는 로봇

애완 로봇
사람에게 정신적으로 만족감을 주는 로봇

청소 로봇
더러운 곳을 청소해 주는 로봇

우주 로봇
사람이 가기 힘든 장소에 가서 주변 환경을 조사하는 로봇

산업 로봇
공장에서 부품을 끼우거나 짐을 옮기는 로봇

바다 로봇
물속을 관찰하는 로봇

 ## 인공지능이란?

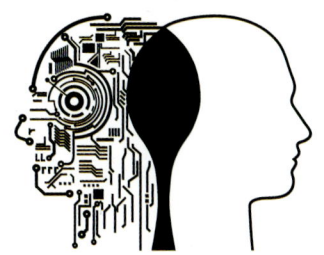

인공지능은 인간의 지능을 컴퓨터 프로그램으로 흉내 내는 기술이에요. 사람들은 생각이나 계산, 상상 등의 지적 능력을 활용하며 살아요. 지능을 써서 말을 배우고, 보고 듣고 느낀 것을 이해하며, 어려운 수학 문제도 풀지요. 컴퓨터도 인공지능이 있으면 그런 활동을 할 수 있답니다.

관심을 끌지 못한 초기 인공지능

인공지능은 최근에 개발된 기술이 아니에요. 과학자들은 수십 년 전부터 인공지능을 만들었어요. 컴퓨터가 개발되고 얼마 뒤에 몇몇 연구자들이 인공지능의 기본 개념을 제시했지요. 처음에는 인공지능을 체스나 바둑 같은 간단한 프로그램에 사용했어요. 하지만 그 뒤로 인공지능은 사람들의 관심에서 멀어졌어요. 프로그램을 짜기도 어려웠고, 간단한 문제 외에는 적용할 수 없었기 때문이에요.

과학의 발달로 관심을 받게 된 인공지능

그 뒤로 컴퓨터와 인터넷 기술은 빠르게 발전했어요. 그러면서 우리가 다루어야 할 자료가 엄청나게 늘었어요. 그러자 사람들은 다시 인공지능을 떠올렸어요. 엄청난 자료 중에서 원하는 정보만 쏙 골라내는 데 인공지능이 쓸모 있다고 생각했거든요. 게다가 과학 기술의 발달로 예전보다 인공지능을 개발하기가 좋아졌기 때문이에요.

로봇과 인공지능의 만남

초기에 만든 로봇은 감지기와 모터로 이루어졌어요. 먼저 감지기를 통해 물건을 확인하면 미리 짜 놓은 프로그램이 실행되지요. 프로그램은 모터를 작동시켜요. 그러면 모터가 돌아가면서 로봇을 움직였지요. 여기에 인공지능 기술을 이용하자, 로봇도 빠르게 발전하기 시작했어요.

인공지능, 스스로 학습하다! – 기계 학습

인공지능 기술 중에는 미리 저장된 정보와 새로 받아들인 정보를 비교하여 스스로 답을 찾는 기능이 있어요. 이를 기계 학습(머신 러닝, Machine Learning)이라고 해요.

예를 들어 볼게요. 컴퓨터에 미리 여러 동물의 사진을 많이 입력해서, 각 동물의 특징을 배우게 해요. 그다음 새로운 동물의 사진을 보여 줘요. 그러면 컴퓨터는 미리 학습한 동물과 새 동물의 특징을 비교하여 어떤 동물인지 인식하지요. 이러한 학습을 기계 학습이라고 해요.

미리 입력한 여러 동물 정보
⋯▶ 컴퓨터가 학습함

새로 입력한 동물 데이터
⋯▶ 컴퓨터가 기존 정보와 비교하여 개로 인식

가장 강력한 기계 학습 - 딥 러닝

최근에 딥 러닝(Deep Learning)이라는 기술이 사용되고 있어요. 매우 어렵고 복잡한 문제를 해결하는 데 주로 쓰여요. 이 기술은 이런저런 알고리즘을 써서 문제를 해결하라고 미리 정해 놓지 않아요. 많은 자료를 주고 컴퓨터가 스스로 분석해서 해결 방법을 찾아내게 하는 거예요. 많은 사진을 보여 주면, 개와 고양이가 다른 특징을 지닌 동물이라고 스스로 알아내는 것이지요. 사람이 컴퓨터를 학습

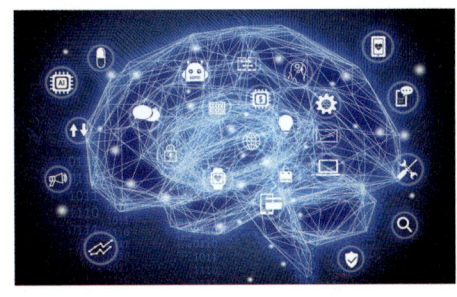

시키는 것이 아니라, 기계가 경험을 통해 스스로 학습하고 분석하면서 결과를 내놓기 때문이에요. 2016년 3월, 바둑 기사 이세돌과 대결했던 인공지능 바둑 프로그램 알파고에도 딥 러닝 기술이 사용되었어요. 그래서 경험, 즉 게임 횟수가 늘어날수록 성능이 좋아졌답니다. 사실 사람의 뇌 신경망도 그런 식으로 학습해요. 즉 딥 러닝은 실제 신경망을 본뜬 '인공 신경망'을 주로 이용해요. (2화에서 자세히 알려 줄게요!)

한눈에 쏙!

로봇과 인공지능이란?

로봇이란?

- 미리 짜 놓은 프로그램대로 여러 가지 일을 하는 자동 장치 ⋯
  주변 환경이나 외부 신호를 인식하고 판단한 뒤 스스로 행동하는 기계

로봇의 종류와 쓰임새

- 로봇 팔 : 최초의 로봇으로, 조지프 엥겔버거가 만듦
  사람을 대신하여 힘들고 위험한 일을 하는 용도로 사용
- 로봇은 발전을 거듭하여 현재 다양한 분야에서 사용됨
- 우리 주변에서 사용되는 예

서비스 로봇

애완 로봇

청소 로봇

인공지능이란?
- 인간의 지능을 컴퓨터 프로그램으로 흉내 내는 기술
- 오래전에 컴퓨터의 개발과 함께 등장한 개념이지만, 당시에는 기술 수준이 낮아서 크게 관심받지 못함
- 과학 기술의 발달로 인공지능 기술도 크게 발전함

로봇과 인공지능의 만남
- 로봇이 인공지능과 결합하여 크게 발전함
- 인공지능의 학습 기술 : 기계 학습, 딥 러닝
- 기계 학습 : 미리 저장된 정보와 새로 받아들인 정보를 비교하여 스스로 답을 찾는 기능

미리 입력한 여러 동물 정보
→ 컴퓨터가 학습함

새로 입력한 동물 데이터
→ 컴퓨터가 기존 정보와 비교하여 개로 인식

- 딥 러닝 : 기계 학습의 하나로, 인공 신경망을 이용하여 정보의 특징을 스스로 학습하고 분석하면서 답을 찾는 기능

알아 두면 쓸모 있는 로봇 관련 용어

소프트웨어

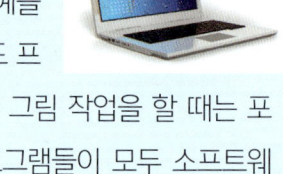

명령을 실행시키기 위해 만든 프로그램이에요. 예를 들어, 우리가 문서 작업을 할 때는 한글이나 워드 프로세서 등의 프로그램을 이용해요. 또 사진이나 그림 작업을 할 때는 포토샵이나 그림판 등을 이용하지요. 이러한 프로그램들이 모두 소프트웨어예요.

하드웨어

컴퓨터가 작동하기 위해 필요한 기계 장치를 뜻해요. 크게 본체와 주변 장치로 나뉘어요. 본체에는 중앙 처리 장치(CPU)와 주기억 장치 등이 있고, 주변 장치로는 키보드, 마우스, 스피커 등이 있지요.

알고리즘

문제를 푸는 규칙이에요. 3-1+2×4=? 이런 문제를 푸는 규칙도 알고리즘이라고 할 수 있지요. 컴퓨터는 자료를 입력하면 일정한 규칙에 따라 처리하여 결과를 내놓아요. 이러한 논리적 단계를 알고리즘이라 하지요. 컴퓨터는 다양한 알고리즘을 사용하여 문제를 처리한답니다.

코딩

명령할 알고리즘을 컴퓨터가 이해할 수 있는 언어로 입력하는 것이에요. 프로그램을 만드는 일이기 때문에 '컴퓨터 프로그래밍'이라고도 해요. 명령문은 프로그래밍 언어를 이용하여 작성해요.

휴머노이드

사람 겉모습의 특징과 닮은 물체를 뜻해요. 사람처럼 머리와 몸통, 팔과 다리를 갖고 두 발로 걸어 다니면 휴머노이드라고 부르지요.

안드로이드

사람과 똑같아 보일 정도로 발달한 인조인간이에요. 겉으로 봐서는 사람과 구분이 거의 안 되지만 몸속은 기계예요.

사이보그

몸의 일부를 신체 활동에 반응하여 움직이는 기계 장치로 대신한 생물을 뜻해요. 인공 관절, 심장 박동기를 몸에 이식한 사람도 엄밀히 따지면 사이보그라고 할 수 있어요. 사람들은 엄청난 힘을 내고, 빨리 달리고, 물속에서도 숨을 쉬는 장치를 단 사이보그가 곧 나올 것이라고 예상해요.

로봇의 구조와 부품

우리 주변에서 볼 수 있는 로봇은 생김새가 다양해요. 하지만 프로그램에 따라 움직이고, 주변 환경을 인식하는 등 비슷한 과정으로 작동해요. 로봇에 공통적으로 필요한 부품은 무엇이 있을까요?

로봇을 이루는 기본 부품

우리가 조립하는 로봇이나 공장에서 기계를 조립하는 로봇이나, 그 안에 있는 기본 부품은 같아요. 명령하는 프로그램이 담긴 두뇌가 있어야 하고(제어 장치), 팔다리나 몸통을 움직이는 모터(구동 장치)가 있어야 하지요. 움직이게 할 힘을 전달하는 전력 공급 장치(전원 장치)도 필요하고요. 장애물이나 신호를 느끼는 감지기(센서)도 필요해요. 마지막으로 이 모든 것이 들어가거나 연결될 로봇의 몸이 있어야 하지요.

휴보로 알아보는 로봇의 구조

안녕! 난 2015년에 미국에서 열린 세계 재난 구조 로봇 대회에서 우승한 휴보야!

센서
주변을 느끼고 확인하는 감지기예요. 몸체 곳곳에 달려 있어요. 로봇이 환경 변화에 맞춰서 움직이려면 센서가 필요하지요. 센서 중에는 주변에 있는 물체나 사람 등을 인식하는 것도 있고, 빛·온도·속도·냄새·위치 등을 확인하는 것도 있답니다.

전원 장치
에너지를 공급하는 장치예요. 전기 콘센트에 연결하는 장치도 있고, 배터리로 전기를 공급하는 장치도 있어요. 태양 에너지나 바람 에너지 등을 이용하는 장치도 있답니다.

제어 장치
프로그램이 담긴 칩이에요. 칩은 사람으로 치면 두뇌 역할을 해요. 로봇은 프로그램에 따라 움직여요.

구동 장치
바퀴, 톱니바퀴, 팔, 다리 등의 부품을 움직이는 모터예요. 선풍기처럼 빙빙 돌아가는 모터도 있고, 주사기처럼 앞뒤로 왔다 갔다 하는 모터도 있지요. 또 40도, 90도 등 정해진 방향만큼 돌아가는 모터도 있어요.

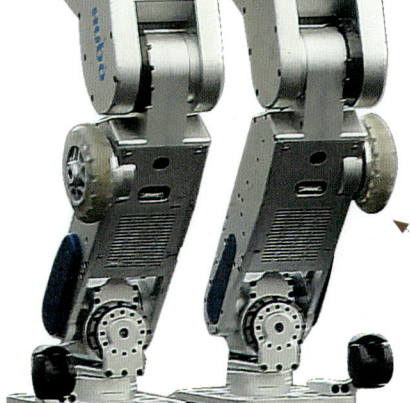

구동 장치가 있어서 나처럼 움직일 수 있군!

빠르게 이동해야 할 땐 바퀴를 이용해요.

컴퓨터의 발달과 인공지능

로봇이 우리 생활에 다양하게 쓰이기 시작한 것은 제어 장치, 즉 컴퓨터가 빠르게 발전한 덕분이에요. 처음에 로봇이 단순한 작업에만 쓰일 때는 프로그램도 단순했어요.

'여기 있는 부품을 잡아라, 시계 방향으로 70도 돌려라, 구멍에 끼워라.'라고 명령어를 입력하면 그대로 따라했지요.

하지만 그런 로봇들은 부품이 1센티미터만 떨어져 있어도 잡지 못하거나, 끼워 맞출 수 없었어요. 작은 문제 때문에 공장 전체를 멈추어야 할 때도 있었지요. 상황 변화에 맞추어 움직이지 못한 거예요.

공학자들은 이러한 단점을 보완하여 로봇 스스로 더 복잡한 판단을 내릴 수 있도록 노력했어요. 그러면서 관련 기술도 계속 발전했지요.

쏟아지는 데이터 : 빅데이터

최근에 일어나고 있는 가장 큰 변화는 데이터가 엄청나게 늘어나고 있다는 거예요. 주로 인터넷과 컴퓨터가 발달하면서 생겨난 것들이지요. 데이터는 컴퓨터가 처리하는 온갖 자료를 뜻해요. 여러분이 인터넷을 하거나 컴퓨터 게임을 하는 순간에도 데이터가 마구 늘어나지요.

데이터가 다루기 힘들 만큼 엄청나게 늘어나자 '빅데이터'라는 말까지 생겼어요. 데이터 앞에 '크다, 많다'를 뜻하는 빅(big)이 붙은 것이지요. 이렇게 엄청나게 불어나는 빅데이터를 어떻게 하면 빠르고 쉽게 처리할 수 있을까요?

사람의 뇌를 본떠 만든 신경망 알고리즘

공학자들은 사람의 뇌를 흉내 내면 어떨까 생각했어요. 우리의 뇌는 엄청나게 많은 자료를 처리하고 있거든요. 뇌에는 1천억 개의 신경 세포가 있는데, 이 세포들은 서로 연결되어 신경망을 이루고 있어요. 이러한 신경망 원리를 이용하면 빅데이터를 잘 처리할 수 있을 거라고 생각했어요. 이렇게 해서 인공 신경망을 이용한 신경망 알고리즘이 개발되었어요. 신경망의 원리를 이용하여 컴퓨터가 문제를 푸는 규칙을 짠 것이지요. 지금의 인공지능은 대부분 이 신경망 알고리즘을 이용한답니다.

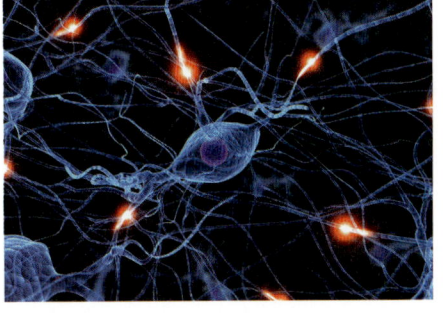

사람의 뇌는 신경 세포가 매우 복잡하게 이어져 망을 이루고 있다. 인공 신경망은 사람의 신경망을 흉내 내어 만들어졌다.

우리 주변에서 사용 중인 인공지능

 인공지능을 연구하는 데 가장 앞장선 이들은 엄청나게 많은 자료를 처리해야 하는 기업들이었어요. 주로 인터넷 검색 기능을 제공하는 곳이었지요. 구글이나 네이버, 다음 같은 회사들은 우리가 검색어를 입력하면, 인터넷에 있는 엄청난 자료를 빠르게 뒤져서 검색어와 관련된 자료를 보여 줘요. '검색 엔진'이라는 인공지능을 사용하기 때문에 가능한 일이지요. 검색 엔진을 비롯하여 우리 주변에서 어떤 인공지능이 쓰이는지 알아볼까요?

검색 엔진 원하는 자료를 찾을 수 있게 도와주는 프로그램이에요. 세계의 수많은 사람들이 검색하는 단어, 웹페이지를 보는 시간, 한 웹페이지에 연결된 다른 웹페이지들의 수, 클릭한 횟수 등을 조사해서 우리가 가장 필요로 하는 결과를 보여 주지요. 또한 기계 학습을 통해 검색어와 관련된 자동 완성 단어나 관련 검색어, 맞춤 추천 상품 등도 보여 줘요.

번역기 한국어를 영어로, 프랑스어를 일본어로 바꾸는 등 다양한 언어로 번역해요. 아직은 번역이 매끄럽지 않고 잘못 번역하는 사례도 있지만, 기계 학습을 통해 점차 나아지고 있어요.

음성 인식 기계가 사람의 목소리를 알아듣고 실행에 옮기는 것도 인공지능 덕분이에요. 예를 들어, 스마트폰에 대고 "내일의 전국 날씨를 알려 줘!"라고 말하면, 인공지능이 인터넷을 검색하여 찾아 주지요.

얼굴 인식 예전에는 사진을 찾으려면 하나하나 보면서 골라야 했어요. 하지만 지금은 인터넷으로 검색하면 전 세계 수억 장의 사진 중에서 원하는 사진을 찾을 수 있어요. 인공지능이 사진에 찍힌 사람이나 물건까지도 스스로 분류하기 때문이에요.

자전거와 공이 함께 나온 사진을 찾아 달라고 하면 찾아 줘요. 꽃 사진을 찍으면 어떤 꽃인지도 알려 준답니다.

기상 예측 날씨를 미리 예측하는 일은 매우 어려운 작업이에요. 슈퍼컴퓨터를 이용해도 수많은 데이터를 분석하여 판단을 내리는 데까지 많은 노력이 필요하지요. 요즘은 이 과정에 인공지능을 이용하여 예보의 정확도를 높이고 있답니다.

인간 vs 로봇과 인공지능

　과학자들은 사람의 몸과 마음을 본뜬 로봇과 인공지능을 만들려고 많은 고민을 했어요. 로봇의 손을 사람의 손처럼 물건을 잡기 쉽게 만들면 어떨까? 사람의 뇌는 수백 개의 신경 세포에서 오는 신호를 비교하여 다른 신경 세포로 전달하는데, 그 원리를 인공지능에 이용하면 어떨까? 그렇게 사람을 본떠 만든 로봇이나 인공지능은 처음에는 당연히 엉성했어요. 사람에 비교하면 한참 못 미치는 수준이었지요. 하지만 과학이 빠르게 발달하면서 달라졌어요.

로봇과 인공지능이 인간을 지배한다면?

　사람은 그대로지만, 로봇과 인공지능은 계속 발전하고 있어요. 과학자들은 로봇이 주어진 일만 처리하는 데 그치지 않고, 사람처럼 다양한 생각과 감정을 품을 수 있도록 개발하고 있지요. 덕분에 로봇과 인공지능은 크게 발전했고, 이미 사람을 넘어선 영역들도 많아졌어요.

　이러한 발전을 보면 놀랍기도 하고 때론 겁이 나요. 로봇이 사람에게 해를 끼치면 어쩌지? 인공지능이 나쁜 마음을 먹고 우리를 노예로 부린다면? 영화에서처럼 로봇과 인공지능이 사람을 마구 공격하는 것은 아닐까? 이런 걱정도 하게 되지요.

인공지능을 무분별하게 개발하면 인간은 최후를 맞게 될 거야!

◀ 물리학자 스티븐 호킹

인공지능의 발전은 축복일까, 재앙일까?

　실제로 이러한 미래를 걱정하고 경고하는 과학자들이 많이 있어요. 물리학자 스티븐 호킹은 "스스로 판단하는 능력이 있는 로봇이 많이 만들어지면 인간은 공격당해 없어질 수 있다."라고 경고했어요. 마이크로소프트의 공동 창업자인 빌 게이츠도 "인공지능은 인류에게 위협이 될 수 있다."라고 경고했지요. 반대로 페이스북을 만든 마크 주커버그는 "인공지능이 발달하면 의료, 교통, 인터넷 환경 등 다양한 분야에서 우리의 삶이 더 편해질 것이다."라고 했어요.

　지금도 이 논쟁은 계속되고 있어요. 그만큼 인공지능이 우리의 미래를 크게 바꿔 놓을 수 있다고 보기 때문이에요. 그럼 로봇과 인공지능을 안전하게 발전시키려면 어떤 노력을 기울여야 할까요? 로봇과 인공지능이 사람에게 해를 끼치지 못하게 할 방법을 찾아야 해요. 그런 한편으로 사람들이 로봇과 인공지능을 나쁜 쪽으로 이용하지 못하게 막아야 하고요.

빠르게 발전하는 로봇과 인공지능

로봇의 기본 부품
- 제어 장치 : 명령하는 프로그램이 담긴 두뇌 장치
- 구동 장치 : 팔다리나 몸통을 움직이는 모터
- 전원 장치 : 움직이게 할 힘을 전달하는 전력 공급 장치
- 센서 : 장애물이나 신호를 느끼는 감지기

컴퓨터의 발달과 인공지능
- 제어 장치의 발달로 로봇도 발달
- 빅데이터 : 디지털 공간에 폭발적으로 늘어나 쌓이고 있는 데이터
- 신경망 알고리즘 : 인공 신경망을 이용하여 수많은 데이터를 처리하는 기술

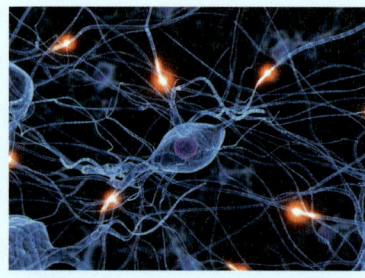

사람의 뇌 신경망

우리 주변에서 사용 중인 인공지능

- 검색 엔진 : 원하는 자료를 찾을 수 있게 도와주는 검색 프로그램
- 번역기 : 단어나 문장을 다른 언어로 바꿔 주는 번역 프로그램
- 음성 인식 : 사용자의 목소리를 알아듣고 명령을 실행에 옮기는 프로그램
- 얼굴 인식 : 사용자의 얼굴을 알아보고 분류 및 검색하는 프로그램
- 기상 예측 : 날씨 자료를 분석하는 슈퍼컴퓨터에 인공지능을 활용하여 날씨를 예측하는 프로그램

인간 vs 로봇과 인공지능

- 다양한 생각과 감정을 품은 인공지능 로봇의 개발
- 로봇과 인공지능이 계속 발전하자 미래를 걱정하는 사람들이 나타남
- 로봇과 인공지능이 사람에게 해를 끼치지 못하게 할 방법을 찾아야 함
- 사람들이 로봇과 인공지능을 나쁜 쪽으로 이용하지 못하게 막아야 함

인공지능을 무분별하게 개발하면 인간은 최후를 맞게 될 거야!

인공지능을 만난 드론

하늘을 날아다니는 드론을 본 적 있나요? 드론은 사람이 타지 않고 무선 전파를 이용해 날아다니는 기계예요. 원래는 전쟁터에서 적을 공격하려고 만든 군사용 기계였지요.

옛날에는 드론을 쉽게 볼 수 없었지만, 요즘엔 아이들이 가지고 노는 장난감 드론도 많이 볼 수 있어요. 또 다양한 분야에서 전문적인 드론을 사용하지요.

주문한 상품을 배달하는 드론

아마존은 세계적인 인터넷 종합 쇼핑몰이에요. 이 기업은 고객이 주문한 물건을 드론으로 배달하는 방법을 연구하고 있어요. 택배나 피자 배달 업체들도 배달 드론을 연구하고 있답니다.

위험에 빠진 사람을 구하는 드론

구조용 드론은 지진이 난 곳이나 무너진 건물, 산이나 바다 등 사람이 구조하러 가기 힘든 곳에 대신 출동하여 위험에 빠진 사람을 구해요.

현장을 촬영하는 드론

영상이나 사진을 찍는 드론으로, 주로 방송국에서 사용해요. 공중에 뜬 상태에서 촬영하기 때문에 다양한 각도에서 입체적이고 생동감 있는 결과물을 얻을 수 있어요. 또한 사람이 가기 힘든 공간에도 갈 수 있기 때문에 큰 도움이 된답니다.

인터넷 연결을 위한 드론

통신 시설이 제대로 갖춰져 있지 않아서, 아직도 인터넷을 사용할 수 없는 나라가 많이 있어요. 소셜 네트워크 서비스 기업인 페이스북은 전 세계 사람들이 인터넷 기술을 누릴 수 있도록 통신망 연결용 드론을 개발하고 있답니다.

이 드론들은 현재 사용 중인 것도 있고, 시험 중인 것도 있어요. 아직은 개선할 점이 많아요. 과학이 빠르게 발전하고 있는 만큼 가까운 미래에는 일상생활에 널리 사용될 거예요.

- 로봇 연구를 시작한 사람들
- 인공지능의 기초를 마련한 수학자
- 로봇을 발전시킨 과학자
- 인공지능을 발전시킨 기업

한눈에 쏙 - 로봇과 인공지능을 개발한 사람들
한 걸음 더 - 로봇과 인공지능 관련 직업

★ **증강 현실** 실제 세계에 가상의 공간이나 물체를 합하여 입체감 있게 보여 주는 기술

로봇 연구를 시작한 사람들

과학자들은 로봇을 언제부터 연구했을까요? 또 어떤 식으로 발전시켰을까요? 로봇을 만든 사람들을 알아봐요.

로봇 3원칙을 세운 아이작 아시모프

과학 소설가이자 화학자인 아이작 아시모프는 로봇 3원칙을 제시하여 로봇 연구의 바탕을 마련했어요. 한마디로 로봇이 지켜야 할 도덕 규칙을 세운 거예요. 사람을 해치는 로봇이 나오면 안 되니까요. 이에 따라 과학자들은 로봇을 어떻게 만들어야 할지 방향을 정하게 되었답니다.

1원칙
로봇은 인간에게 해를 끼치면 안 된다.

2원칙
로봇은 인간의 명령에 따라야 한다.

3원칙
로봇은 자신을 보호해야 한다.

처음으로 인공두뇌학을 만든 노버트 위너

노버트 위너(1894~1964년)는 미국의 수학자이자 철학자예요. 그는 처음으로 사이버네틱스라는 분야를 만들고 연구했지요. 이 분야는 로봇학의 바탕이 되었답니다.

사이버네틱스는 생물과 기계의 작동이 어떻게 조절되는지, 각 부위 사이에 신호가 어떻게 전달되는지 관련지어 연구하는 학문이에요. '인공두뇌학'이라고도 하지요.

TIP

인공두뇌학

생물이든 기계든 주변 환경이 변할 때는 그 상황에 맞게 반응해야 살 수 있어요. 예를 들어, 사람은 날씨가 더워지면 체온이 올라 땀을 흘려요. 그러다 땀이 식으면서 체온이 내려가지요. 이처럼 우리 몸이나 기계 부품 등이 잘 돌아가려면 환경에 잘 적응해야 해요. 이를 연구하는 분야가 인공두뇌학이랍니다.

인공두뇌를 가진 로봇은 사람이 하나하나 조종하지 않아도, 주변 상황을 스스로 이해하고 그에 맞는 행동을 취해요. 이러한 인공두뇌학은 로봇과 인공지능뿐 아니라 생물학, 심리학, 인류학 등 다양한 분야에 영향을 미쳤어요.

거북 로봇을 만든 윌리엄 그레이 월터

1940년대 후반에 전기로 움직이는 바퀴 달린 로봇을 최초로 만든 사람이에요. 로봇의 이름은 느리게 기어 다녀서 '거북'이라고 불렀어요. 이 로봇은 복잡한 행동을 할 수 있었는데, 특히 에너지가 떨어질 때면 스스로 충전하는 곳으로 갔어요. 먼지를 빨아들이는 기능만 있었으면 지금의 로봇 청소기와 비슷했을 거예요.

월터는 뇌를 연구하던 학자였어요. 그는 생물이 아주 적은 뇌세포로도 복잡한 행동을 할 수 있다는 것을 밝히고 싶었어요. 그래서 단순한 전기 회로 몇 개를 이용해 다양한 행동을 하는 로봇을 만들었답니다.

산업용 시장을 연 조지 디볼과 조지프 엥겔버거

조지 디볼은 1954년에 최초로 디지털 방식으로 움직이는 로봇을 발명했어요. 그는 조지프 엥겔버거와 함께 산업용 로봇 팔을 만들어 현대 로봇 산업을 이끌었어요.

로봇 팔은 맨 처음에 자동차를 만드는 데 사용되었고, 그 후로 계속 발전되었어요. 사람의 관절 같은 부위를 로봇 팔에 더 많이 넣어서 다양한 각도로 부드럽게 움직이고, 컴퓨터의 발달로 더 정확히 움직이게 됐어요. 품질 좋은 재료가 개발되면서 더 힘센 로봇 팔도 나왔지요.

인공지능의 기초를 마련한 수학자

인공지능처럼 스스로 생각하는 시스템을 어떻게 만들까요? 사람이 생각하는 방식을 기계에 집어넣으면 될 거예요. 그걸 어떻게 넣느냐고요? 인간의 생각을 논리와 수학으로 표현하면 돼요. 그러면 맞다, 아니다로 명확히 나타낼 수 있지요.

이 문제를 해결하기 위해 역사 속 여러 수학자가 열심히 연구했어요. 인간의 생각을 어떻게 하면 논리적·수학적으로 표현할 수 있는지 말이에요.

불 대수를 만든 조지 불

19세기에 조지 불이라는 영국 수학자가 '불 대수'라는 것을 내놓았어요. 숫자를 사칙 연산★으로 계산하는 것처럼, 어떤 문장이 옳고 그른지를 수학식으로 표현하는 방법을 내놓았지요.

예를 들어, '개는 식물이다.'라는 문장이 참이면 1, 거짓이면 0으로 나타내요. 이렇게 숫자 1과 0으로 표현하는 방법을 이용하여 인간의 생각을 기계에 옮기게 되었답니다.

★ **사칙 연산** 덧셈, 뺄셈, 곱셈, 나눗셈을 이용하여 수를 따지는 것

튜링 검사를 만든 앨런 튜링

영국의 수학자로, 불 대수를 실제로 기계에 사용할 수 있도록 발판을 마련한 사람이에요.

튜링은 모든 계산은 디지털 방식으로 나타낼 수 있다는 이론을 내놓았어요. 인간의 생각을 논리적·수학적으로 표현할 수 있다면 기계에 옮길 수 있다고 생각한 거예요.

마침내 그는 1950년에 생각하는 기계, 즉 인공지능을 만드는 방법도 제시했어요. 그리고 그 기계의 생각하는 수준이 어느 정도인지 평가하는 '튜링 검사'를 생각해 냈답니다.

신경망 모형을 만든 워런 매컬러와 월터 피츠

1940년대, 신경생리학자 워런 매컬러와 수학자 월터 피츠는 뇌의 신경 세포를 본떠 튜링 기계를 만들 수 있지 않을까 생각했어요. 신경 세포가 논리적인 계산을 한다고 본 거예요. 두 사람은 연구 끝에 최초로 신경망의 수학 모형을 개발했어요. 그 뒤로 많은 연구자들이 이 개념을 발전시켜 다양한 인공 신경망을 내놓았답니다.

숫자 0과 1만 사용하는 표기법 : 2진법

TIP

우리가 평소에 사용하는 숫자 표기법은 10진법이에요. 0부터 9까지 10개의 숫자를 사용하지요. 하지만 컴퓨터는 0과 1, 오직 2개의 숫자만 사용해요. 이를 2진법이라고 해요. 컴퓨터는 문서, 그림, 영상 등 모든 데이터를 0과 1로 인식하여 저장한답니다.

튜링 검사와 튜링 기계

A방에는 사람이 있고, B방에는 기계가 있어요. A방에 있는 사람이 질문을 하면, B방에 있는 기계가 답을 내놓지요. 질문자가 답변을 받아 보았을 때, 그 답을 기계가 한 것인지 사람이 한 것인지 가려낼 수 없다면? 튜링은 그랬을 때 B방의 기계를 스스로 생각할 수 있는 것으로 보자고 했어요. 이러한 시험을 튜링 검사라고 해요. 그리고 이 검사를 받는 기계가 바로 생각하는 기계, 즉 인공지능이지요.

그 뒤로 몇몇 연구자들이 생각하는 기계에 관한 이론을 발전시켰어요.

1956년에 과학자들은 미국 다트머스에서 열린 회의에서 지능의 모든 특징을 정확히 흉내 내는 기계를 만들 수 있다고 선언했어요. 그러자 부유한 여러 나라에서 앞다투어 연구비를 지원했지요. 하지만 과학자들은 수십 년 동안 실패를 거듭했어요. 이제야 좀 가능성이 보이기 시작해답니다.

튜링은 그보다 앞선 1936년에 오늘날의 컴퓨터의 기본 설계도라고 할 수 있는 튜링 기계를 생각해 냈어요. 튜링 기계는 실제 기계가 아니라 수학 모형이에요. 기계가 수를 읽어서 정해진 규칙에 따라 행동하여 결과를 내놓는다면, 모든 계산을 할 수 있다는 개념이었지요. 바로 오늘날의 컴퓨터와 똑같아요. 데이터를 입력하면 중앙 처리 장치가 계산을 해서 값을 내놓는 것이지요. 튜링은 이 기계를 보편 만능 기계라고 불렀답니다.

로봇을 발전시킨 과학자

1960년대부터 산업용 로봇이 사용되기 시작했어요. 하지만 컴퓨터 기술의 수준이 낮아 단순한 행동만 반복했어요.

그 뒤로 컴퓨터는 꾸준히 발전했지만, 산업용 로봇은 거의 발전이 없었어요. 모터나 소재 등이 발전하여 더욱 정교하게 움직이긴 했어요. 그러나 기본적으로 똑같은 자리에서 똑같은 행동을 반복할 뿐이었지요.

움직이는 로봇의 시작 - 곤충 로봇

오스트레일리아의 로봇 과학자 로드니 브룩스(1954년~)는 로봇이 자유롭게 움직인다면 더 많은 일을 할 수 있다고 생각했어요. 그는 자연에서 해결 방법을 찾아냈어요. 개미처럼 자유롭게 움직이면서 무리를 짓도록 하면, 로봇들이 그때그때 상황에 맞추어 일을 할 수 있다고 본 거예요.

브룩스의 로봇 개념은 여러 분야에 쓰일 수 있어요. 매우 작아서 우리 몸속으로 들어가 아픈 곳을 치료하거나, 우주처럼 사람이 가기 힘든 곳에 여러 마리가 떼로 가서 관찰하는 등 다양한 일을 할 수 있을 거예요.

사람과 함께 일하는 로봇

브룩스는 로봇 회사를 세워 다양한 로봇을 개발했어요. 최초의 진공 청소 로봇도 그가 만들었지요.

일하는 방법을 가르치면 그대로 따라 하는 로봇도 만들었어요. 이 로봇은 주변에 사람이 있는 것을 느끼고, 알아서 조심하기 때문에 사람과 한 공간에서 같이 작업할 수 있답니다.

브룩스와 협업 로봇

뇌만큼이나 중요한 몸

사람의 뇌는 몸의 여러 부위와 정보를 주고받아요. 그런데 옛날 과학자들은 몸은 생각도 않고 뇌만 연구했어요. 기계의 움직임과 관계없이 컴퓨터 칩 안에서 벌어지는 일만 생각한 것이지요.

브룩스는 기계의 움직임과 컴퓨터 칩이 정보를 주고받는 과정이 중요하다고 주장했어요. 이 생각은 인공지능의 발전에 도움이 되었어요.

T!P

화성 탐사 로봇 소저너

최초의 화성 탐사 로봇으로, 1997년 7월 4일에 화성에 도착했어요. 미국 항공 우주국(NASA)에서 브룩스의 곤충 로봇을 바탕으로 만들었지요. 소저너는 장애물을 피하면서 스스로 탐사로를 판단하여 돌아다녔어요.

인공지능을 발전시킨 기업

인공지능 기술이 처음부터 쉽게 발전한 건 아니에요. 오래전부터 연구자들은 사람처럼 스스로 생각할 수 있는 컴퓨터가 곧 나올 것이라고 주장했어요. 하지만 10년, 20년이 지나도 그런 컴퓨터가 개발되지 않자, 여러 나라와 기업은 크게 실망하며 개발을 포기하기도 했지요.

최초로 사람을 이긴 인공지능 - IBM의 딥블루

몇몇 기업과 연구자들은 포기하지 않고 인공지능의 기초가 될 다양한 알고리즘을 개발했어요. 하지만 실제 생활에 사용하긴 어려웠어요. 작동이 느리고, 오류가 많았으며, 자주 고장 났거든요.

그러다가 1997년에 컴퓨터 기업 IBM이 '딥블루'라는 컴퓨터를 내놓았어요. 체스 프로그램이 들어 있는 컴퓨터였지요. 이 컴퓨터는 체스 세계 챔피언과 맞붙어 이겼을 정도로 뛰어났어요.

그 뒤로 인공지능 연구가 다시 활발해졌어요.

인공지능을 앞다투어 개발 중인 세계적인 기업

현재 인공지능은 사진과 동영상 처리, 문서 분석, 음성 인식 등에 널리 쓰이고 있어요. 세계적인 기업들이 우리에게 편리한 인공지능을 개발하기 위해 애쓰고 있기 때문이에요. 어떤 기업들이 있는지 살펴봐요.

구글
인터넷 검색을 비롯하여 다양한 디지털 콘텐츠를 제공하는 기업이에요. 스마트폰 운영 체제인 안드로이드를 만든 회사로 유명하지요. 인공지능을 개발하는 구글 딥마인드를 세워 바둑 두는 알파고를 만들었고, 인공지능 스피커 구글홈, 인공지능 개인 비서 구글어시스턴트 등을 개발하고 있어요.

마이크로소프트
컴퓨터의 소프트웨어와 하드웨어를 만드는 기업이에요. 1975년에 빌 게이츠, 폴 앨런 등이 모여 세웠지요. 초기에는 컴퓨터 운영 체제인 MS-DOS로 큰 인기를 얻었고, 현재는 윈도우가 널리 사용되고 있어요. 인공지능 개인 비서 코타나, 인공지능 검색 엔진 등을 개발하고 있어요.

애플
컴퓨터, 스마트폰 등을 만드는 기업이에요. 1976년에 스티브 잡스, 스티브 워즈니악 등이 모여 세웠지요. 대표적인 제품으로 초기에는 맥킨토시, 현재는 아이맥·아이폰·아이패드 등이 있어요. 자율 주행 시스템, 인공지능 스피커 홈팟 등을 개발하고 있어요.

아마존
1995년에 인터넷 서점으로 시작하여, 현재는 다양한 상품을 판매하는 인터넷 종합 쇼핑몰이에요. 인공지능 카메라 딥렌즈, 배송용 인공지능 드론 프라임에어, 인공지능 개인 비서 알렉사 등을 개발하고 있어요.

한눈에 쏙!

로봇과 인공지능을 개발한 사람들

로봇 연구를 시작한 사람들

- 아이작 아시모프 : 미국의 과학 소설가이자 화학자로, 로봇 3원칙 제시
- 로봇 3원칙이란?
  - 로봇이 지켜야 할 도덕 규칙으로, 로봇 연구의 바탕이 됨
    - 1원칙 – 로봇은 인간에게 해를 끼치면 안 된다.
    - 2원칙 – 로봇은 인간의 명령에 따라야 한다.
    - 3원칙 – 자신을 보호해야 한다.
- 노버트 위너 : 미국의 수학자이자 철학자로, 로봇학의 바탕이 된 사이버네틱스(인공두뇌학) 분야를 만듦
- 사이버네틱스란?
  - 생물과 기계의 작동이 어떻게 조절되는지, 각 부위 사이에 신호가 어떻게 전달되는지 관련지어 연구하는 학문
- 윌리엄 그레이 월터 : 전기로 움직이는 바퀴 달린 로봇을 최초로 만듦
- 조지 디볼과 조지프 엥겔버거 : 최초로 산업용 로봇 팔을 만듦

인공지능의 기초를 마련한 수학자

- 조지 불 : 영국의 수학자로, 불 대수를 만듦
- 불 대수란?
  - 어떤 문장이 옳고 그른지를 수학식으로 표현하는 방법

- 앨런 튜링 : 영국의 수학자로, 불 대수를 실제로 기계에 적용
  튜링 검사, 튜링 기계 등을 만듦
- 워런 매컬러와 월터 피츠 : 최초로 인공 신경망 모형을 개발

로봇을 발전시킨 과학자
- 로드니 브룩스 : 자유롭게 움직이는 곤충 로봇, 사람과 한 공간에서 일하는
  협업 로봇 등을 만듦
  기계의 움직임과 컴퓨터 칩이 정보를 주고받는 과정이
  중요하다고 주장

인공지능 개발에 앞장선 기업
- IBM : 컴퓨터 기업으로, 1997년에 체스 전용 컴퓨터 딥블루 만듦
- 구글 : 인터넷 서비스 기업으로, 스마트폰 운영 체제인 안드로이드 만듦
  인공지능 개인 비서 구글어시스턴트 등을 개발 중
- 마이크로소프트 : 컴퓨터 기업으로, 컴퓨터 운영 체제 윈도우로 유명
  인공지능 개인 비서 코타나, 인공지능 검색 엔진 등을 개발 중
- 애플 : 컴퓨터를 비롯한 여러 통신 기계를 만드는 기업으로, 아이폰으로 유명
  자율 주행 시스템, 인공지능 스피커 홈팟 등을 개발 중
- 아마존 : 다양한 상품을 판매하는 인터넷 종합 쇼핑몰
  인공지능 카메라 딥렌즈, 인공지능 드론 프라임에어 등을 개발 중

로봇과 인공지능 관련 직업

세월이 흐르면서 사라지는 직업도 있고 새로 생기는 직업도 있어요. 특히 과학 분야는 다른 분야보다 빠르게 발전하고 있기 때문에 새로운 직업이 많이 생겼어요. 그중 로봇과 인공지능 관련 직업으로 어떤 게 있을까요?

로봇 전문가

로봇을 연구하고 개발하는 일을 해요. 우리에게 도움을 주는 다양한 로봇을 만들지요. 실생활에 도움이 되는 가정용 로봇, 공장에서 힘든 일을 하는 산업용 로봇, 질병을 치료하는 의료용 로봇 등 여러 분야에 쓰이는 로봇을 다뤄요. 이전보다 더 빠르고, 더 복잡한 작업을 할 수 있게 연구한답니다.

인공지능 프로그래머

인공지능을 활용하여 다양한 프로그램을 설계하는 사람이에요. 현재 여러 기업에서 개발 중인 인공지능은 스마트폰, 자동차, 스피커 등 다양한 곳에 쓰이고 있어요. 이처럼 우리의 삶을 편리하게 하는 다양한 인공지능 상품을 만들어요.

소프트웨어 개발자

프로그래밍과 코딩 작업을 통해 소프트웨어를 만드는 사람이에요. 사람에게 도움이 되거나 재미있는 아이디어로 어떤 프로그램을 만들지 기획하고, 그 작업을 컴퓨터가 실행할 수 있도록 프로그램을 짜는 일을 해요.

빅데이터 분석가

디지털 공간에 쌓인 빅데이터를 분석하는 사람이에요. 빅데이터를 통해 사회를 분석하고, 사람들이 무엇에 관심을 두는지, 미래가 어떻게 흘러갈지 등을 예측하지요. 또 빅데이터를 인공지능에 제공하여 인공지능의 기계 학습을 돕기도 해요.

정보 보안 전문가

다양한 데이터를 디지털 공간에 저장하면서 개인 정보를 안전하게 보호하는 일이 매우 중요해졌어요. 정보 보안 전문가는 외부의 공격을 막기 위해 방어 시스템을 만들고, 정보를 보호하는 일을 해요.

로봇과 인공지능을 개발한 사람들 • 65

★ **인터랙티브(interactive)** 사용자가 컴퓨터와 대화하듯이 데이터나 명령어를 입력할 수 있도록 한 프로그램

신화와 전설 속 자동 기계

로봇과 인공지능의 개념이 등장하기 훨씬 전부터, 사람들은 온갖 자동 장치를 상상했어요. 신화와 전설 속에도 종종 등장했지요.

피그말리온의 움직이는 조각상

고대 그리스 신화에는 피그말리온이라는 조각가가 나와요. 피그말리온은 자신이 가장 아름답다고 생각하는 여인의 모습을 조각했어요. 그런데 그만 그 조각상을 사랑하게 돼요. 이를 안타깝게 여긴 사랑의 여신 아프로디테는 조각상을 진짜 사람으로 변신시켰어요.

피그말리온은 그 여인과 결혼하여 행복하게 살았답니다.

사람을 닮은 조각상에 생명을 불어넣는 상상이라니 재미있지요? 사람처럼 행동하는 안드로이드의 출발점은 이 조각상이었을지도 몰라요.

음식을 나르는 헤파이스토스의 탁자

고대 그리스 신화에는 대장장이의 신 헤파이스토스가 나와요. 그는 다른 신들을 위해 다양한 물건을 만들었어요. 그중에는 스스로 움직이는 다리가 셋 달린 탁자도 있었어요.

신들의 모임이 열릴 때면, 이 탁자는 음식을 올린 채 스스로 이리저리 돌아다녔어요. 마치 지금의 로봇 같지 않나요?

언사의 꼭두각시 인형

중국의 옛 책 《열자》에 나오는 이야기예요. 주나라 목왕이 어느 날 언사라는 뛰어난 기술자를 만났어요. 언사는 왕을 위해 꼭두각시 인형을 만들어 바쳤지요.

인형은 놀랍게도 사람처럼 움직이고, 노래도 잘 불렀어요. 왕은 인형의 자연스러운 움직임을 보고 진짜 사람일 거라고 의심했어요. 그러던 중 인형이 왕에게 실수를 했고, 왕은 크게 화를 냈지요. 자신이 속았다고 생각

한 거예요. 깜짝 놀란 언사는 인형의 몸을 갈라 속을 보여 주었어요. 그 안에는 가죽과 나무가 있었답니다.

신화와 전설 속에 등장하는 자동 장치는 이 밖에도 많이 있어요. 고대 그리스의 크레타섬에는 청동으로 만들어진 거인이 섬을 지켰대요. 또 유대교 전설에는 마법으로 움직이는 진흙 인형 골렘이 등장해요. 골렘은 애니메이션이나 게임 속 캐릭터로 종종 나온답니다.

흙으로 만든 골렘 인형

로봇의 시작은 인형

앞에서 살펴본 신화와 전설은 이후 많은 사람에게 영향을 주었어요. 무엇보다 다양한 상상력을 펼치게 하는 씨앗이 되었지요.

상상력으로 기계 공학의 기초를 닦은 알 자자리

알 자자리(1136~1206년)는 아랍의 학자로, 100가지 독창적인 자동 장치를 묘사한 책을 썼어요. 책에는 물의 힘으로 움직이는 공작새, 물이나 차를 내오는 기계 등이 있었어요.

수세식 변기처럼 작동하는 손 씻는 자동 장치도 있었어요. 사람이 손을 씻은 뒤 장치를 당기면, 자동으로 물이 빠지고 새 물이 채워졌지요.

그는 비누와 수건을 건네주는 자동인형도 만들었어요. 이러한 인형을 오토마타(Automata)라고 불렀는데, 스스로 작동하는 기계라는 뜻이에요. 오토마타를 로봇의 시작으로 보는 사람들도 있답니다.

알 자자리가 발명한 손 씻는 기계

휴머노이드의 설계자 레오나르도 다빈치

레오나르도 다빈치(1452~1519년)는 우리에게 〈모나리자〉로 잘 알려진 이탈리아 화가예요. 하지만 그가 로봇의 설계도를 그렸다는 사실은 잘

모를 거예요.

다빈치는 해부학을 연구하여 사람의 몸이 어떻게 앉았다가 일어나는지, 팔다리는 어떻게 움직이는지 등을 잘 알았어요. 그는 이 원리를 태엽 장치에 활용하여 움직이는 기사 로봇을 설계했답니다.

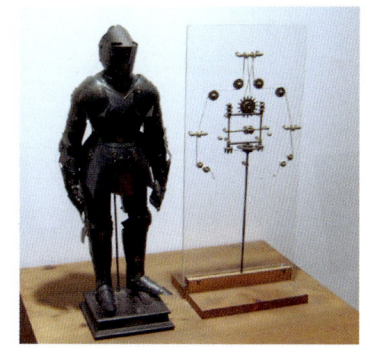

다빈치의 설계도를 이용하여
현대에 만든 기사 로봇

태엽을 활용한 자동인형

16~19세기 유럽에서는 태엽을 이용한 정교한 자동인형을 많이 만들었어요. 단순한 동작이 아닌, 매우 복잡한 행동을 하는 장치들도 나왔지요.

태엽을 감으면 자동인형이 움직이면서 미리 정해 놓은 일을 해요. 그림을 그리거나 시를 쓰는 인형, 체스를 두는 인형, 악기를 연주하는 인형 등 수많은 자동인형이 만들어졌어요.

물론 이 당시의 자동인형들은 스스로 생각하지도, 정해진 일이 아닌 다른 일을 하지도, 무겁고 힘든 일을 하지도 않았어요. 주로 보고 즐기는 용도였지요.

왕이나 귀족들은 취미로 자동인형을 모았답니다.

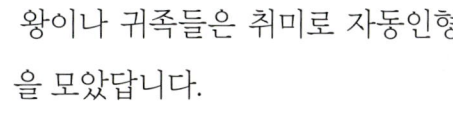

작품 속 로봇과 인공지능

과학이 발전하여 사람들이 전기를 자유롭게 이용하게 되자, 태엽을 이용한 자동인형은 인기를 잃었어요. 그 대신 사람들은 자동으로 움직이는 인형을 상상했지요. 바로 로봇이에요. 그러면서 로봇이 소설이나 영화 속에 등장하기 시작했어요.

《오즈의 마법사》 속 양철 나무꾼

프랭크 바움이 쓴 동화 《오즈의 마법사》에는 양철 나무꾼이 나와요. 양철 나무꾼은 심장을 갖고 싶어서 주인공 도로시와 함께 마법사를 찾아 여행을 떠나지요.

그런데 로봇의 모습을 한 이 나무꾼은 왜 심장을 갖고 싶어 했을까요? 바로 자신에게 마음이 없다는 사실을 알고 괴로워했기 때문이에요. 작가는 마음, 즉 감정이 있는 곳을 심장이라고 생각했답니다.

요즘 과학자들이 로봇 속에 감정을 넣으려고 연구하는 것을 보면, 심장을 원한 양철 나무꾼의 소원이 이해되지 않나요?

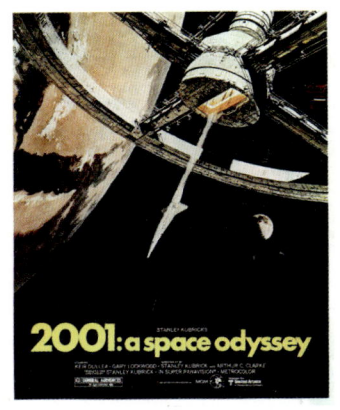

〈2001 스페이스 오디세이〉

　영화에서도 온갖 인공지능 로봇이 등장해요. 모습도, 성격도, 능력도, 모두 제각각이에요.

　가장 유명한 작품은 1968년에 나온 〈2001 스페이스 오디세이〉예요. 영화에 나오는 인공지능은 우주선을 조종하고, 승무원을 돕지요. 그런데 자기 임무를 수행하려면 승무원들을 없애야 한다고 판단하고 반란을 일으킨답니다. 인공지능이 사람을 없애려고 하다니, 생각만 해도 정말 끔찍하지요?

　이 영화는 인공지능을 다룬 수많은 영화에 영향을 주었답니다.

악당으로 등장하는 로봇과 인공지능

　영화 〈터미네이터〉를 보면, 인공지능이 핵전쟁을 일으켜서 인류를 다 없애려고 해요. 사람과 똑같이 생긴 살인 로봇까지 만들어서요.

　영화 〈매트릭스〉에서는 인공지능이 가상 현실을 만들어서 사람의 몸뿐만 아니라 정신까지 지배해요.

　이렇듯 사람이 만들었지만, 사람에게 해를 끼치는 로봇과 인공지능이 나오는 영화가 많아졌답니다. 기계의 발달이 미래에 어떤 영향을 줄지 아무도 모르기 때문에 불안해하는 마음을 담은 거예요.

감정을 지닌 로봇이 나오는 〈에이아이*〉

　영화 속에는 사람 못지않게 섬세한 감정을 지닌 인공지능 로봇도 나와요. 〈에이아이〉에 나오는 로봇이 대표적이에요. 영화에서는 공장에서부터 가정에 이르기까지 온갖 분야에 로봇이 사용되고 있어요. 그리고 로봇에게 감정을 넣는 것을 법으로 금지했다는 설정이에요.

　그런데 한 박사가 아이 모습을 한 로봇에 감정을 집어넣어요. 이 로봇은 아기가 없는 가정에 입양되는데, 어느 날 가족에게 아기가 생기자 버림받지요. 그 로봇이 엄마의 사랑을 찾아 나서는 이야기랍니다.

　이러한 작품들은 우리에게 많은 생각을 하게 해요. 로봇과 인공지능을 어느 수준까지 개발해야 할까요? 모든 면에서 인간보다 훨씬 수준이 높아지면 우리에게 해를 끼치진 않을까요? 인공지능 로봇에게 감정을 넣어도 될까요? 그랬다가 힘든 일을 하기 싫다고 하면 어쩌죠?

　영화는 우리에게 계속해서 생각할 거리를 던져 줄 거예요. 지금 당장 정답은 모르지만, 앞으로 바른길을 찾기 위해 모두가 고민하고 노력해야 할 거예요.

★ **에이아이(AI)** 인공(artificial)과 지능(intelligence)의 줄임말

현실이 된 상상

예전에는 로봇과 인공지능이 나오는 작품을 싫어하는 어른이 많았어요. 아이들을 엉뚱한 상상에 빠지게 한다고 생각한 거예요.

하지만 로드니 브룩스 같은 유명한 로봇 연구자들은 그런 작품을 보며 꿈을 키웠어요. 언젠가는 영화에 나오는 로봇을 만들겠다고요.

로봇 개발을 이끈 만화 《우주 소년 아톰》

일본에서 큰 인기를 끈 만화 중에 《우주 소년 아톰》이라는 작품이 있어요. 일본 어린이들은 아톰을 보며 꿈을 키웠지요. 일본에서는 일찍부터 아톰 같은 휴머노이드 로봇을 개발하기 위해 애썼어요. 그래서 탄생한 대표적인 로봇이 바로 아시모예요.

우리나라 연구자들도 휴보를 내놓는 등 휴머노이드 로봇을 개발하고 있어요. 시작은 만화 같은 상상이지만, 실제로 로봇이 개발되었다는 사실이 놀랍지 않나요? 상상은 그만큼 중요하답니다.

일본에서 개발한 아시모

상상 속의 로봇과 인공지능

신화와 전설 속 자동 기계

- 자동 장치는 로봇과 인공지능의 개념이 등장하기 전부터 신화와 전설 속에 등장
- 피그말리온의 조각상 : 고대 그리스 신화에 나오는 이야기로, 사랑의 여신 아프로디테가 조각상을 사랑하게 된 피그말리온을 불쌍하게 생각하여 조각상에 생명을 불어넣음
- 헤파이스토스의 탁자 : 고대 그리스 신화에 나오는 이야기로, 대장장이의 신 헤파이스토스가 움직이며 음식을 나르는 탁자를 만듦
- 언사의 꼭두각시 인형 : 중국의 옛 책 《열자》에 나오는 이야기로, 왕이 언사가 만든 인형을 사람이라고 의심하여 언사를 죽일 뻔한 내용

로봇의 시작은 인형

- 알 자자리 : 아랍의 학자로, 100가지 독창적 자동 장치를 묘사한 책을 씀
- 오토마타 : 알 자자리가 설계한 자동인형의 이름으로, 이 인형을 로봇의 시작으로 보기도 함 … 상상력으로 기계 공학의 기초를 닦음
- 레오나르도 다빈치 : 알 자자리의 영향을 받아 다양한 로봇을 설계함
- 16~19세기 유럽에서는 태엽을 활용한 자동인형이 유행함

작품 속 로봇과 인공지능

- 동화《오즈의 마법사》: 등장인물 중 양철 나무꾼은 심장이 없어 괴로워하다가 심장을 얻기 위해 마법사를 찾아 떠남 ⋯▶ 작가는 감정이 있는 곳을 심장이라고 생각함 ⋯▶ 로봇에 감정을 넣으려는 것과 비슷함
- 영화 〈2001 스페이스 오디세이〉: 영화 속 인공지능이 우주선을 조종하고, 사람을 도움 ⋯▶ 인공지능이 자신의 임무를 잘 수행하려면 사람을 없애야 한다고 판단하고 반란을 일으킴
- 영화 〈터미네이터〉, 〈매트릭스〉: 악당 로봇이 등장 ⋯▶ 기계의 발달이 미래에 사람에게 해를 끼칠 수 있다는 불안한 마음을 담음
- 영화 〈에이아이〉: 가족에게 버림받은 인공지능 로봇이 엄마의 사랑을 찾아 나서는 이야기
- 영화에 등장하는 로봇과 인공지능은 미래에 대해 생각할 거리를 줌

현실이 된 상상

- 만화《우주 소년 아톰》: 만화 속 로봇을 보고 많은 사람이 로봇 제작에 대한 꿈을 키움
- 휴머노이드의 탄생 : 우리나라의 휴보, 일본의 아시모 등

4차 산업 혁명

산업 혁명이란 생산 기술이나 조직이 크게 발전하여 사회에 영향을 끼치고, 새 시대를 여는 현상을 뜻해요.

1차 산업 혁명은 1784년 영국에서 시작됐어요. 그 전까지는 사람의 손으로 대부분의 물품을 생산하였으나, 증기 기관이 발명되면서 공장이 기계화가 되었지요.

2차 산업 혁명은 1870년대에 전기를 이용하면서 시작됐어요. 전기의 힘으로 대량 생산이 가능해졌지요.

3차 산업 혁명은 1960년대에 컴퓨터와 인터넷의 발명, 정보 통신 기술이 발달하면서 시작됐어요. 컴퓨터를 이용한 자동화 시스템과 컴퓨터의 정보화가 우리 삶의 많은 변화를 이끌었지요.

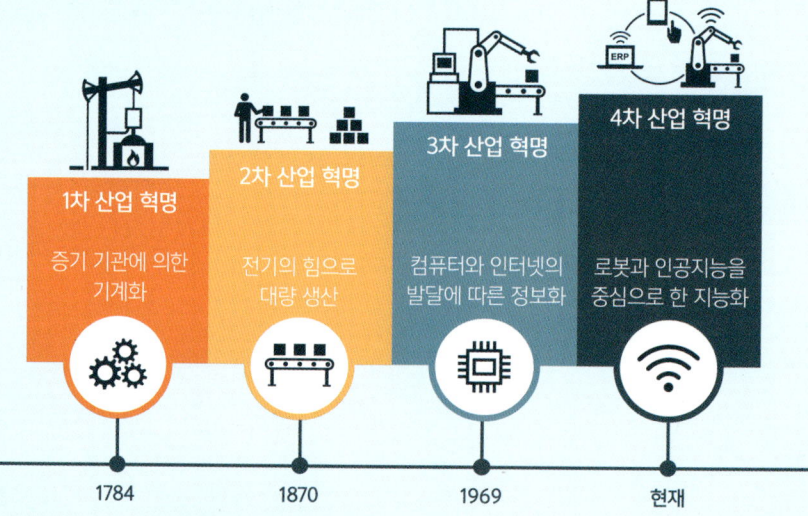

로봇과 인공지능이 중심인 4차 산업 혁명

1~3차 산업 혁명을 지나 현재는 4차 산업 혁명 시대를 맞이했어요. 4차 산업 혁명은 로봇과 인공지능, 생명 과학 등이 중심이지요. 아직은 큰 변화가 일어나진 않았지만, 관련 기술이 빠르게 발달하고 있어요. 따라서 몇 년 후엔 크게 달라진 사회를 만날 수 있을 거예요.

4차 산업 혁명이라는 말을 제일 먼저 사용한 사람은 세계 경제 포럼의 의장인 클라우스 슈밥이에요. 그는 4차 산업 혁명이 산업, 경제, 문화 등 우리 사회의 모든 부분을 바꿀 것이라고 예측했답니다.

4차 산업 혁명을 대비하자!

1~3차 산업 혁명 당시에도 기계의 발달로 많은 사람이 일자리를 잃을 것이라고 생각했어요. 물론 사라지는 직업도 있었지만, 산업 혁명에 적응하며 새로운 직업이 많이 생겼지요.

4차 산업 혁명도 마찬가지일 거예요. 로봇과 인공지능 때문에 사라지는 직업이 있는 반면, 대체할 수 없는 직업도 있고 새로운 직업도 등장하겠지요. 여러분은 미래의 주인공이에요. 그러므로 새로운 분야에 항상 관심을 두고, 미래 사회에 필요한 능력을 갖출 수 있게 노력해 봐요. 특별한 미래가 기다리고 있을 테니까요.

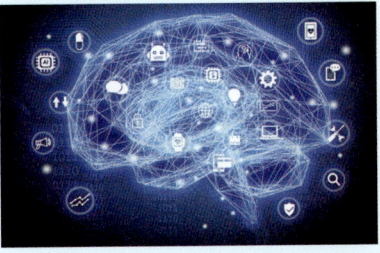

이미 시작된 미래 • 89

생활 속에 들어올 로봇과 인공지능

보통 과학 기술의 발달로 생겨난 물건은 처음 상상할 때는 불가능하거나 아주 먼 미래의 일로 여기곤 해요. 그러다 과학자들이 그러한 기계를 발명하면 사람들이 놀라워하지요. 하지만 시간이 좀 지나면 평범하게 느껴져요. 그 장치를 아주 최신형이라고 느꼈던 사실을 까맣게 잊고서요.

우리 주변의 대부분의 기계가 그래요. 계속해서 새로운 기술이 개발되기 때문이에요. 로봇과 인공지능도 그런 과정을 거쳐서 우리의 생활 속에 자리 잡기 시작했어요.

단순한 기계가 강력한 인공지능으로!

요즘 설치된 에스컬레이터는 사람이 없을 때는 멈췄다가 사람이 타면 움직여요. 사람의 움직임을 느끼고 작동하는 기능이 있기 때문이지요. 승강기가 여러 대인 요즘 건물을 생각해 봐요. 빨리 타겠다고 다 눌러도, 딱 한 대만 내려와서 열려요. 인공지능이 조절하기 때문이에요.

인공지능은 어느새 우리 주변 곳곳에서 다양한 일을 하고 있답니다. 하지만 이제 이 정도의 단순한 기술은 인공지능이라고 부르지 않아요. 기계 학습이 가능한 더 강력한 인공지능이 조금씩 우리 앞에 모습을 보이고 있기 때문이에요.

자동으로 운전하는 자율 주행 자동차

물건을 가지고 날아가는 택배 드론

자동으로 계산하고 포장하는 가게 로봇

노인의 친구가 되어 주는 휴머노이드

아이들을 가르치는 교육용 로봇

아픈 사람을 치료하는 의료용 로봇

예술가가 된 인공지능

예술가들은 새로운 재료와 도구를 이용하여 시대에 맞는 다양한 작품을 선보였어요. 요즘에는 컴퓨터와 인공지능을 이용한 예술도 연구 중이에요. 이미 인공지능을 이용한 예술 작품도 있어요. 아직은 인공지능이 높은 수준의 예술 작품을 만들진 못해요. 하지만 언젠가는 훌륭한 예술가가 될지도 모른답니다.

그림 그리는 인공지능

그림을 그리는 대표적인 프로그램으로는 구글의 '딥드림', 영국 예일대에서 개발한 '아론' 등이 있어요. 딥드림은 주어진 이미지를 인공지능이 재해석하여 추상화로 표현하는 프로그램이에요. 아론은 사물의 색과 모양을 바탕으로 새로운 그림을 그리지요.

이 밖에도 고흐, 렘브란트, 피카소 등 유명한 화가들의 화풍을 흉내 내는 인공지능도 개발 중이에요. 머지않아 인공지능은 인류 역사에 등장한 모든 화가들의 작품을 분석하여 고스란히 흉내 낼 수도 있을 거예요.

이탈리아 화가 주세페 아르침볼도의 작품 〈사계절〉 중 '봄'(왼쪽)을 딥드림이 재해석한 그림(오른쪽)

작곡하고 연주하는 인공지능

기존에 있는 클래식 음악에서 특징적인 부분을 뽑아 새로운 곡을 만드는 '쿨리타', 피아노곡을 만드는 '마젠타', 재즈 음악을 작곡하는 '딥재즈' 등이 있어요. 곡을 만드는 인공지능 말고도, 사람들과 함께 공연을 하는 로봇 '시몬'도 개발 중이랍니다.

소설 쓰는 인공지능

읽는 사람의 반응과 선택에 따라 다른 결말을 쓰는 인공지능 소설가도 있어요. 대표적인 프로그램이 조지아 공대에서 개발한 '셰헤라자데-IF'예요. 또 드라마와 영화 대본을 기계 학습하여 단편 소설을 쓰는 인공지능 '벤자민'도 있어요.

TIP

인공지능의 예술성을 확인하는 '러브레이스 검사'

미국 조지아 공대에서 예술 분야의 인공지능을 평가하기 위해 개발한 검사예요. 인공지능이 사람처럼 창의성이 담긴 예술 작품을 완성할 수 있는지를 확인하지요. 검사 방법은 인공지능에 창작물을 만들라는 과제를 준 뒤 잘 만드는지 평가하는 거예요.

우리의 일자리가 줄어들까?

초기 로봇은 사람 대신에 공장의 단순한 작업이나 지루하고 반복되는 일을 했어요. 그러나 앞으로는 기계 학습을 하는 인공지능이 더욱 발달하면서 높은 지능이 필요한 일도 인공지능이 대신할 거예요.

이런 거대한 변화를 기대하는 사람들은 지금이 4차 산업 혁명의 시기라고 말하기도 해요. 로봇과 인공지능, 나노 기술, 생명 공학 등의 발전으로 세상이 새롭게 바뀐다고 예상하는 거예요.

로봇과 인공지능이 사람을 대신할 직업

현재 여러 기업에서 자율 주행 자동차를 앞다투어 개발하고 있어요. 기술이 더 발전하면 인공지능이 교통수단을 운행할지도 몰라요. 버스나 택시 운전사, 비행기를 모는 조종사의 일을 인공지능이 할 수도 있지요. 또 공장의 생산직과 관리직, 식당의 요리사와 계산원 등도 로봇과 인공지능이 대체할 수 있어요. 스포츠 중계나 뉴스에도 인공지능이 사용될 수 있어요. 실시간으로 점수를 확인하여 이용자에게 알리는 것이지요. 이처럼 로봇과 인공지능이 사람보다 효율적으로 일하게 될 분야들이 많이 있어요. 그러나 모든 직업을 기계에 맡길 수 있는 건 아니랍니다.

사람을 대신하기 어려운 직업

로봇과 인공지능은 미래 사회에 중요한 위치를 차지할 거예요. 따라서 이 분야를 개발하는 과학 기술자는 오랫동안 큰 주목을 받을 거예요. 특히 로봇과 인공지능이 스스로 프로그래밍을 하기 전까지는 프로그램을 만들고 오류를 수정하는 기술자도 많이 필요하지요. 사람의 판단 능력이 있어야 진행할 수 있는 부동산이나 보험 등의 분야에도 사람의 손이 필요해요. 높은 수준의 정서적 교감과 이해를 필요로 하는 의료, 요양, 교육 분야도 로봇과 인공지능이 대신하긴 어려워요.

새로운 직업의 탄생

로봇과 인공지능의 발달로 우리의 일자리가 아예 없어지는 건 아닐지 걱정되나요? 물론 줄어들거나 없어지는 일자리가 있을 거예요. 하지만 새로운 직업도 생길 테니 너무 걱정하진 말아요. 우리가 아예 모르는 분야도 생길 거예요. 예를 들어, 빅데이터 분석가라는 직업은 몇 년 전만 해도 이 세상에 없던 직업이었어요.

앞으로의 인공지능은 기계 학습을 한다고 했지요? 따라서 기계 학습을 돕고 훈련시키는 직업도 생길 거예요. 사람과 컴퓨터가 한 팀이 되어 작업하는 분야도 생길 거예요.

로봇이 움직이는 세상

생활 속에 들어올 로봇과 인공지능

- 단순했던 기계 ⋯▸ 더욱 강력한 인공지능으로 발전
- 수준 높은 로봇과 인공지능이 곧 우리 생활에 널리 사용되기 위해 개발 중

예술가가 된 인공지능

- 그림을 그리는 인공지능 : 딥드림, 아론 등
- 음악을 만드는 인공지능 : 쿨리타, 마젠타, 딥재즈 등
- 소설을 쓰는 인공지능 : 세헤라자데-IF, 벤자민 등

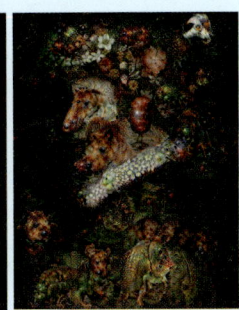

과학 기술의 발전과 일자리 문제

- 사람의 일을 로봇과 인공지능이 모두 차지할 것이라는 두려움 생김
- 로봇과 인공지능이 사람을 대신할 직업도 있으나, 영향을 덜 받는 직업도 있고 새로운 직업도 생길 예정

미래는 어떤 모습일까?

최근 들어 로봇과 인공지능을 이용한 상품이 실생활에 하나씩 등장하고 있어요. 스마트폰에 담긴 인공지능 기술도 생긴 지 그리 오래되지 않았지요. 인공지능은 다양한 제품 속에 들어가 우리의 삶을 편리하게 할 거예요. 어떤 것이 있을지 한번 상상해 볼까요?

미래와 자연이네 집에 들어온 인공지능

아침 7시, 전날 밤에 예약해 둔 알림이 울리면 식구들이 일어나 하루를 시작해요. 엄마가 좋아하는 노래가 스피커를 통해 흘러나오고, 요리 로봇이 음식을 만들어요. 냉장고에는 인공지능 로봇이 미리 주문해 둔 신선한 요리 재료가 가득하지요.

미래와 자연이가 화장실에서 씻고 나오자 로봇이 수건을 건네줘요. 오늘 입을 옷은 인공지능 옷장이 알아서 골라 주지요. 식사를 마친 미래와 자연이는 애완 로봇에게 인사를 하고 학교에 가요.

도로 곳곳에 숨은 인공지능

미래와 자연이는 자율 주행 자동차를 타고 학교에 가요. 급할 땐 하늘을 날아가기도 해요. 자율 주행 자동차는 교통 정보를 실시간으로 전달받아 가장 빠른 길로 가요. 스마트 신호등이 교통을 원활하게 조정해 주기 때문에 차가 막히지도 않아요. 자율 주행 자동차와 스마트 신호등 모두 사람을 인식하기 때문에 도로를 건너려는 사람들도 안전하게 다닐 수 있답니다.

교실로 들어온 인공지능

미래와 자연이가 학교에 도착했어요. 책가방 안에는 디지털 교과서 하나만 들어 있어서 어깨가 매우 가볍지요.
오늘은 1교시에 구석기 시대를 배우는 날이에요. 인공지능 로봇이 학생들 눈앞에 가상 현실을 보여 줘요. 열매를 따고, 사냥을 하는 구석기인들이 생생하게 보이지요. 3D 프린팅★으로 주먹 도끼도 만들었어요. 인공지능 로봇은 다른 수업 시간에 필요한 자료도 바로바로 검색해서 학생들에게 보여 줘요.

상상만 해도 놀랍지요? 여러분도 달라질 우리의 삶을 상상해 봐요. 지금은 상상 속 이야기지만, 언젠가는 현실이 될 거니까요!

★ **3D 프린팅** 프린터로 물체를 만드는 기술

1화 아리는 반려동물?

1 다음 중 로봇의 현대적 의미와 맞지 않은 것을 고르세요.

① 로봇 청소기

② 로봇 팔

③ 시계

④ 애완 로봇

2 다음 글을 읽고, 빈칸에 들어갈 말로 알맞은 것을 고르세요.

> 컴퓨터의 핵심 부품인 칩의 성능이 약 2년마다 2배로 좋아진다는 법칙이에요. 빠르게 발전하는 컴퓨터를 이야기할 때 자주 나오는 말이지요. 인텔의 창업자 중 한 명인 '고든 무어'가 제시한 개념으로, (　　　　　)이라 부른답니다.

① 고든의 법칙

② 무어의 법칙

③ 인텔의 법칙

④ 칩의 법칙

3 다음 중 인공지능에 대한 설명으로 옳지 않은 것을 고르세요.

① 인간의 지능을 컴퓨터 프로그램으로 흉내 내는 기술이다.
② 인공지능은 최근 10년 사이에 생긴 개념이다.
③ 처음에는 체스나 바둑 같은 간단한 프로그램에 사용했다.
④ 현재는 과학이 발달하여 복잡한 프로그램에도 사용한다.

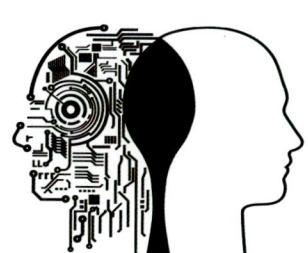

4 다음 보기의 단어와 설명을 알맞게 짝지어 봐요.

딥 러닝 ①　　　　　　㉠ 컴퓨터에 명령할 알고리즘을 컴퓨터가 이해할 수 있는 언어로 입력하는 것

알고리즘 ②　　　　　㉡ 컴퓨터에 자료를 입력하면 논리적 단계에 따라 처리하는 규칙

코딩 ③　　　　　　　㉢ 기계 학습 중 하나로, 기계가 경험을 통해 스스로 학습하고 분석하여 결과를 내놓는 것

2화 로봇이 인간을 흉내 낸다고?

1 다음 빈칸에 들어갈 단어로 알맞게 짝지어진 것을 고르세요.

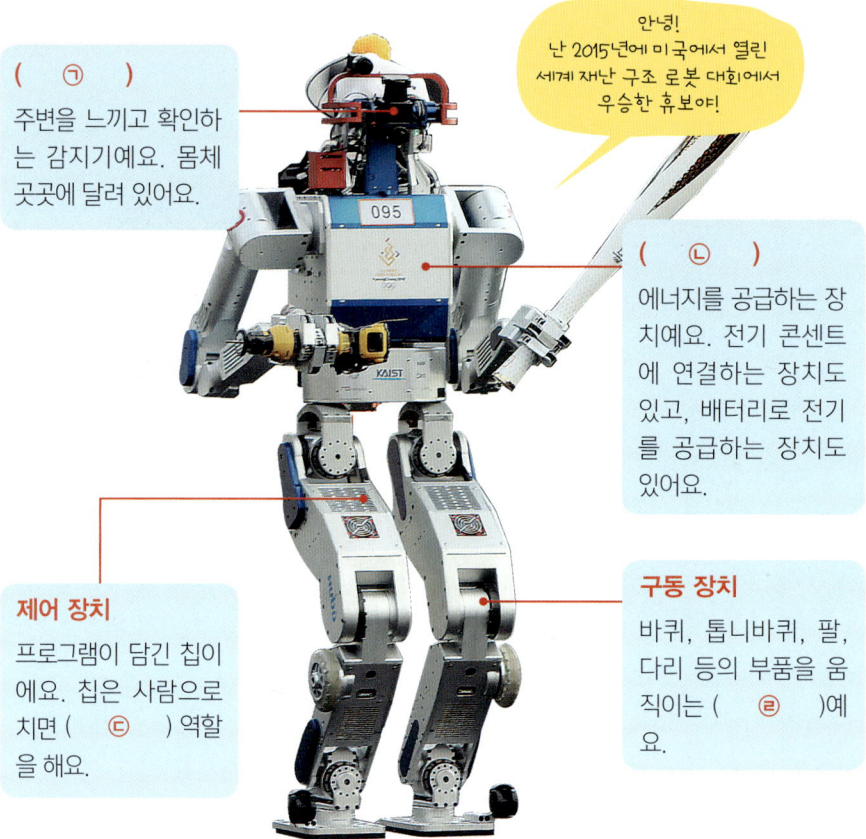

(㉠)
주변을 느끼고 확인하는 감지기예요. 몸체 곳곳에 달려 있어요.

안녕! 난 2015년에 미국에서 열린 세계 재난 구조 로봇 대회에서 우승한 휴보야!

(㉡)
에너지를 공급하는 장치예요. 전기 콘센트에 연결하는 장치도 있고, 배터리로 전기를 공급하는 장치도 있어요.

제어 장치
프로그램이 담긴 칩이에요. 칩은 사람으로 치면 (㉢) 역할을 해요.

구동 장치
바퀴, 톱니바퀴, 팔, 다리 등의 부품을 움직이는 (㉣)예요.

① ㉠ 전원 장치 ㉡ 센서 ㉢ 손 ㉣ 모터
② ㉠ 센서 ㉡ 전원 장치 ㉢ 손 ㉣ 모터
③ ㉠ 센서 ㉡ 모터 ㉢ 두뇌 ㉣ 전원 장치
④ ㉠ 센서 ㉡ 전원 장치 ㉢ 두뇌 ㉣ 모터

2 다음을 읽고 무엇에 대한 설명인지 고르세요.

> 최근에 일어나고 있는 가장 큰 변화는 데이터가 엄청나게 늘어나고 있다는 거예요. 데이터는 컴퓨터가 처리하는 온갖 자료를 뜻해요. 여러분이 인터넷을 하거나 컴퓨터 게임을 하는 순간에도 데이터가 마구 늘어나고 있어요. 이처럼 많이 쌓인 데이터를 (   )라고 해요. 데이터 앞에 '크다, 많다'를 뜻하는 단어가 붙은 것이지요.

① 라지데이터   ② 빅데이터
③ 스몰데이터   ④ 타이니데이터

3 인공지능의 발달은 미래에 어떤 결과를 가져올까요? 자연이와 미래의 대화를 읽고, 여러분의 생각을 적어 보세요. 서술형 문항 대비 ✓

인공지능을 무분별하게 개발하면 인간은 최후를 맞게 될 거야!

아니야. 인공지능의 발달은 우리의 삶을 편하게 해 줄 거야!

──────────────────────────────
──────────────────────────────
──────────────────────────────

3화 튜링 박사님의 검사

1 다음 중에서 아이작 아시모프가 제시한 로봇 3원칙이 아닌 것을 고르세요.

① 로봇은 인간에게 해를 끼치면 안 된다.　　② 로봇은 인간의 명령에 따라야 한다.

③ 로봇은 자신을 보호해야 한다.　　④ 로봇은 인간에게 복수할 수 있다.

2 다음을 읽고 어떤 학문인지 고르세요.

> 노버트 위너가 만든 학문으로, 사이버네틱스라고도 해요. 생물과 기계의 작동이 어떻게 조절되는지, 각 부위 사이에 신호가 어떻게 전달되는지 관련지어 연구하지요.

① 인공두뇌학　　　　　　　　　② 생물기계학
③ 신호전달학　　　　　　　　　④ 신호조절학

3 다음 글을 읽고, 어떤 인물의 자기소개인지 고르세요.

> 안녕! 나는 영국의 수학자야. 불 대수를 실제로 기계에 사용할 수 있도록 발판을 마련한 사람이지. 난 인간의 생각을 논리적·수학적으로 표현할 수 있다면 기계에 옮길 수 있다고 생각했어. 그리고 마침내 생각하는 기계인 '인공지능'을 만드는 방법을 내놓았단다. 그 기계의 생각하는 수준이 어느 정도인지 평가하는 튜링 검사도 생각해 냈어.

① 조지 디볼   ② 조지 불
③ 앨런 튜링   ④ 로드니 브룩스

4 다음 기업의 이름과 설명을 알맞게 짝지어 봐요.

구글 ①

마이크로소프트 ②

애플 ③

아마존 ④
amazon

㉠ 스티브 잡스, 스티브 워즈니악 등이 모여 세웠어요. 아이맥, 아이폰을 만든 회사예요.

㉡ 다양한 상품을 판매하는 인터넷 종합 쇼핑몰이에요.

㉢ 스마트폰 운영 체제인 안드로이드와 바둑 두는 알파고를 만든 회사예요.

㉣ 빌 게이츠, 폴 앨런 등이 모여 세웠어요. 컴퓨터 운영 체제인 윈도우를 만든 회사예요.

4화 상상이 현실로 되는 세상

1 다음 대화를 읽고 옳지 않은 말을 하는 사람을 고르세요.

① 고대 그리스 신화를 보면 피그말리온이라는 조각가가 나온대.

② 아, 그 사람! 자기가 만든 조각상을 보고 사랑에 빠졌잖아.

③ 맞아. 그리고 그 조각상에 생명을 불어넣은 게 아테나야.

④ 사람처럼 행동하는 조각상이라니, 마치 안드로이드 같구나.

2 다음 대화를 읽고 옳은 말을 하는 사람을 고르세요.

① 고대 그리스 신화에 나오는 신 중에 헤파이스토스가 있대.

② 맞아. 사랑의 여신 헤파이스토스!

③ 헤파이스토스는 다리가 여섯 개 달린 의자를 만들었어.

④ 그 의자가 헤파이스토스를 태우고 스스로 돌아다녔단다.

음식을 나르는 탁자가 있으면 참 좋겠다.

3 다음을 읽고, 누구에 대한 설명인지 고르세요.

> 이 사람은 이탈리아의 화가예요. 상상력이 풍부하여 로봇의 설계도를 그리기도 했지요. 해부학을 연구하여 사람의 동작을 자세히 연구하기도 했어요. 이 동작 원리를 태엽 장치에 활용하여 움직이는 기사 로봇을 설계했답니다.

① 알 자자리
② 레오나르도 다빈치
③ 프랭크 바움
④ 언사

4 내가 만들고 싶은 로봇은 어떤 로봇인지, 영화나 애니메이션 속에 등장한 로봇 중에서 골라 보고 그 이유를 적어 봐요. `서술형 문항 대비` ✓

_____

_____

_____

5화 이미 시작된 미래

1 다음의 인공지능 기술과 설명을 바르게 짝지어 보세요.

①   ㉠ 교육용 로봇은 가상 현실 등을 이용하여 학습 내용을 생생하게 전달해요.

②   ㉡ 택배 드론은 공중을 날아가서 고객에게 상품을 배달해요.

③   ㉢ 자율 주행 자동차는 자동으로 운전해요.

2 다음 글을 읽고, 어떤 인공지능 프로그램인지 고르세요.

> 예술가들은 새로운 재료와 도구를 이용하며 시대에 맞는 다양한 작품을 선보였어요. 요즘에는 컴퓨터와 인공지능을 이용한 예술도 연구 중이에요. 대표적으로 구글에서 만든 그림 그리는 인공지능 프로그램이 있어요. 주어진 이미지를 인공지능이 재해석하여 추상화로 표현한답니다.

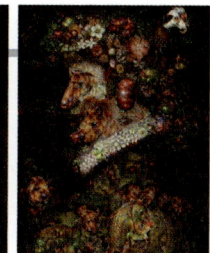

① 딥드림
② 딥블루
③ 딥재즈
④ 딥 러닝

3 미래 사회는 어떻게 달라질까요? 여러분이 상상하는 미래 사회를 마음껏 적어 봐요. 서술형 문항 대비 ✔

정답 및 해설

1화

1. ③
 ⋯ 현대에는 주변 환경이나 외부 신호를 인식하고 판단한 뒤 스스로 행동하는 기계를 로봇이라고 해요. (☞17쪽)

2. ②
 ⋯ 컴퓨터 칩의 성능이 2년마다 2배로 좋아진다는 법칙은 무어의 법칙이에요. (☞19쪽)

3. ②
 ⋯ 인공지능의 개념은 수십 년 전부터 있었어요. (☞21쪽)

4. ①-ⓒ ②-ⓛ ③-ㄱ
 ⋯ 딥 러닝은 기계가 경험을 통해 스스로 학습하고 분석하여 결과를 내놓는 것이에요. 알고리즘은 컴퓨터가 논리적 단계에 따라 문제를 처리하는 규칙이에요. 코딩은 컴퓨터에 명령할 알고리즘을 컴퓨터가 이해할 수 있는 언어로 입력하는 거예요. (☞23, 26~27쪽)

2화

1. ④
 ⋯ 주변을 느끼고 확인하는 감지기는 센서예요. 에너지를 공급하는 장치는 전원 장치예요. 제어 장치는 사람의 두뇌 역할을 하는 칩이에요. 구동 장치는 로봇을 움직이게 하는 모터예요. (☞35쪽)

2. ②
 ⋯ 디지털 공간에서 폭발적으로 늘어난 데이터를 빅데이터라고 해요. (☞37쪽)

3. 자유롭게 조사하여 적어 봐요.
 ⋯ 예) 인공지능은 딥 러닝을 통해 계속해서 똑똑해질 거야. 그럼 기계가 지구를 정복할까 봐 두려워. (☞40~41쪽)

3화

1. ④
 ⋯ 아이작 아시모프가 제시한 로봇 3원칙은 ①, ②, ③뿐이에요. (☞52쪽)

2. ①
 ⋯ 생물과 기계의 작동이 어떻게 조절되는지, 각 부위 사이에 신호가 어떻게 전달되는지 연구하는 학문은 인공두뇌학이에요. (☞53쪽)

3. ③
 ⋯ 앨런 튜링은 영국의 수학자로, 인간의 생각을 논리적·수학적으로 표현하여 기계에 옮길 수 있다고 생각했어요. 튜링 검사와 튜링 기계도 생각해 냈어요. (☞56~57쪽)

4. ①-ⓒ ②-ⓔ ③-ㄱ ④-ⓛ
 ⋯ 구글은 안드로이드와 알파고를 만들었어요. 마이크로소프트는 빌 게이츠와 폴 앨런이 만든 회사로 윈도우를 만들었지요. 애플은 스티브 잡스와 스티브 워즈니악 등이 모여 세

웠고, 아이폰을 만들었어요. 아마존은 인터넷 종합 쇼핑몰이지요. (☞61쪽)

4화

1. ③
⋯ 피그말리온이 만든 조각상에 생명을 불어넣은 신은 사랑의 여신 아프로디테예요. (☞72쪽)

2. ①
⋯ 고대 그리스 신화에 나오는 대장장이의 신 헤파이스토스는 다리가 3개 달린 탁자를 만들었어요. (☞72~73쪽)

3. ②
⋯ 이탈리아의 화가로, 로봇의 설계도를 그리고 〈모나리자〉를 그린 사람은 레오나르도 다 빈치예요. (☞74~75쪽)

4. 자유롭게 적어 봐요.
⋯ 예) 영화 〈트랜스포머〉에 나오는 범블비 같은 로봇을 만들고 싶어. 내 친구도 될 수 있고, 자동차도 될 수 있으니까. (☞76~79쪽)

5화

1. ①-ⓒ ②-ⓛ ③-ⓖ
⋯ 자율 주행 자동차는 인공지능이 자동으로 운전하는 자동차예요. 택배 드론은 공중을 날아가 고객의 상품을 배달하지요. 교육용 로봇은 아이들에게 가상 현실 등을 이용해 학습 내용을 생생하게 전달해요. (☞91쪽)

2. ①
⋯ 딥드림은 구글에서 만든 예술 인공지능으로, 주어진 이미지를 재해석하여 추상화로 표현하는 프로그램이에요. (☞92쪽)

3. 자유롭게 조사하여 적어 봐요.
⋯ 예) CSI 인공지능 로봇이 등장하여 사건 현장을 빠르게 스캔하고, 범죄 현장을 재구성해요. (☞98~99쪽)

찾아보기

ㄱ
구글 61
구동 장치 .... 34~35
기계 학습 .... 22~23

ㄷ
드론 .... 44~45
딥 러닝 23

ㄹ
러브레이스 검사 93
로봇 .... 16~17
로봇의 3원칙 52
로봇 전문가 64
로봇 팔 18, 54

ㅁ
마이크로소프트 61
무어의 법칙 19

ㅂ
빅데이터 37
빅데이터 분석가 65

ㅅ
사이버네틱스 53
사이보그 27
4차 산업 혁명 .... 82~83
센서 .... 34~35
소프트웨어 26
소프트웨어 개발자 65
신경망 알고리즘 37

ㅇ
아마존 61
안드로이드 27
알고리즘 26
애플 61
인공두뇌학 53
인공지능 21
인공지능 프로그래머 64

ㅈ
전원 장치 .... 34~35
정보 보안 전문가 65
제어 장치 .... 34~35

ㅋ
코딩 27

ㅌ
튜링 검사 .... 56~57

ㅎ
하드웨어 26
휴머노이드 27

112